er

Brigitte Minne
tekeningen van Ann de Bode

Zwijsen

sep   saar

sep.

saar.

sep en saar.

ik vaar, sep.
ik vaar en vis.
sok aan en ik vaar.

aas en mes, saar.
en mep, mep vis.

mep, mep vis.
mis.
saar is sip.

mep, mep vis.
mis. mis. mis.

ik vaar ver, sep.
ik vaar ver en vis.

saar is ver.

aas en mes, saar.
en mep, mep vis!
mep, mep.

is er vis, saar?
er is vis, sep.

mmm.
vis.

sis, sis, vis.
sis sis.

roos, saar.
mmm, sep.

roos en vaas.
vis.
raam en maan.

sep en saar.

Serie 2 • bij kern 2 van Veilig leren lezen

Na 4 weken leesonderwijs:

1. maan en saar
Frank Smulders en
Leo Timmers

2. sem en roos
Erik van Os &
Elle van Lieshout en
Hugo van Look

3. sip?
Maria van Eeden
en Jan Jutte

4. maan is ver
Marjolein Krijger

5. ik mis roos
Gitte spee

6. pim en maan
Anke de Vries en
Camila Fialkowski

7. pip is raar
Daniëlle Schothorst

8. er is vis
Brigitte Minne en
Ann de Bode